योग

अङ्कित शर्मा

Copyright © Angkit Sharma
All Rights Reserved.

This book has been published with all efforts taken to make the material error-free after the consent of the author. However, the author and the publisher do not assume and hereby disclaim any liability to any party for any loss, damage, or disruption caused by errors or omissions, whether such errors or omissions result from negligence, accident, or any other cause.

While every effort has been made to avoid any mistake or omission, this publication is being sold on the condition and understanding that neither the author nor the publishers or printers would be liable in any manner to any person by reason of any mistake or omission in this publication or for any action taken or omitted to be taken or advice rendered or accepted on the basis of this work. For any defect in printing or binding the publishers will be liable only to replace the defective copy by another copy of this work then available.

क्रम-सूची

वन्दना

अउम

माता पिता, गुरु, सभी देवी देवताओं, पूर्वजों को नमस्कार।

अउम भूर्भुवः स्वः, तत्सवितुर्वरेण्यं।
भर्गो देवस्य धीमहि, धियो यो न प्रचोदयात।
पृथ्वी, अन्तरिक्ष, स्वर्ग लोक में जिसका तेज़ फैला है
वह हमारा ध्यान स्थिर करें।

अउम गुरूर्ब्रह्मा गुरूर्विष्णुः गुरूर्देवो महेश्वरः ।
गुरूसाक्षात परब्रह्म तस्मै श्री गुरवे नमः ।।
गुरु ही ब्रह्मा हैं, गुरु ही विष्णु हैं ।
गुरूदेव ही शिव हैं तथा गुरूदेव ही साक्षात् साकार स्वरूप आदिब्रह्म हैं ।
उन्हीं गुरूदेव के नमस्कार करता हूँ ।

अउम श्री गणेशाए नमः।
श्री गणेश को मेरा नमश्कार।

अउम नमः शिवाय।
शिव जी को नमश्कार।

अउम नमोः भगवते वासुदेवाय नमः।
विष्णु जी को नमश्कार।

अउम या देवी सर्वभूतेषु शक्ति रूपेण सन्स्था
नमसतसतेहि नमसतसतेहि नमसतसतेहि नमो नमः।
जो देवी सभी प्राणियों के अन्दर शक्ति रूप में स्थित है

उन्हें बारम्बार नमस्कार।

अउम या देवी सर्वभूतेषु विद्या रूपेण सन्स्था
नमसततेहि नमसततेहि नमसततेहि नमो नमः।
जो देवी सभी प्राणियों के अन्दर विद्या रूप में स्थित है
उन्हें बारम्बार नमस्कार।

अउम या देवी सर्वभूतेषु लक्ष्मी रूपेण सन्स्था
नमसततेहि नमसततेहि नमसततेहि नमो नमः।
जो देवी सभी प्राणियों के अन्दर लक्ष्मी रूप में स्थित है
उन्हें बारम्बार नमस्कार।

अउम या देवी सर्वभूतेषु मातृ रूपेण सन्स्था
नमसततेहि नमसततेहि नमसततेहि नमो नमः।
जो देवी सभी प्राणियों के अन्दर माता रूप में स्थित है
उन्हें बारम्बार नमस्कार।

अउम या देवी सर्वभूतेषु दया रूपेण सन्स्था
नमसततेहि नमसततेहि नमसततेहि नमो नमः।
जो देवी सभी प्राणियों के अन्दर दया रूप में स्थित है
उन्हें बारम्बार नमस्कार।

मङ्गल कामना

वक्रतुण्ड महाकाय सूर्यकोटि समप्रभ। निर्विघ्नं कुरु मे देव सर्वकार्येषु
सर्वदा॥
लचीला शरीर, विशाल काय, करोड़ों सूर्य के समान प्रतिभाशाली।
मेरे प्रभु, हमेशा मेरे सारे कार्य बिना विघ्न के पूरे करें (करने की कृपा
करें)॥

मङ्गलम् भगवान विष्णु मंगलम् गरुड़ ध्वज मंगलम् पुंडरीकाक्ष
मंगलाय तनो हरी।
भागवान् विष्णु मंगल हैं, गरुड़ वाहन वाले मंगल हैं, कमल के समान नेत्र
वाले मंगल हैं, हरि मंगल के भंडार हैं।

सर्व मङ्गल माङ्गल्ये शिवे सर्वार्थ साधिके शरण्ये त्रियम्बके गौरी
नारायणी नमोस्तुते।
मंगल करने वाली, सभी अर्थों को साधने वाली तीन नेत्रों वाली देवी गौरी,
नारायणी आपको नमस्कार।

भूमिका

योग, इस शब्द को ठीक तरह से समझने की जरूरत है हमें। क्योंकि आज कल इसका अर्थ बहुत ही गलत समझा जाता है, और इसे तो ठीक से कहते भी नहीं है आज कल लोग। आज के समय में योग को योगा कहा जाने लगा है, और कहा तो कहा मगर समझा भी कुछ और जाने लगा है। सबसे बड़ी हानी यही है की चीज का मतलब भी गलत समझ लिया। परंतु उच्चारण भी बहुत बड़ी चीज है, क्योंकि सही उच्चारण से ही सही अर्थ पता चलता है शब्द का। इस गलत उच्चारण का सम्बन्ध भी बिना अक्ल की नक़ल से है, अंग्रेजी में हर चीज़ के आगे a लगते है जैसे "yoga", "ayurveda", अब उन्होंने तो गलत लिख दिया बोल दिया लेकिन हमें तो समझना चाहिए अपने ज्ञान को जिस देश से वह निकला हॉ ऐसे ही बहुत शब्दों का गलत उच्चारण किया गया अंग्रेजो के द्वारा और हमने भी बिना सोचे समझे उसे ही स्वीकार कर लिया। आज के समय में अधिकतर लोग योग को नहीं योगा को ही जानते है, योगा में वह एक ही चीज़ जानते है आँखें बंद करके सांस अंदर बाहार करना, और ज्यादा से ज्यादा कुछ लोग कुछ आसन कर लेते है, लेकिन यह योग नहीं है, और ये भी जो वह करते हैं वह भी ठीक तरीके से नहीं करते। यह जो दो चीज़े लोग आज कल करते हैं, उन्हें कहा जाता है "आसान" और "प्राणायाम" लेकिन अगर यह दो चीज़ें भी वह अच्छे से करें तो इससे शरीर तो हमेशा स्वस्थ और निरोगी रहेगा, परन्तु मन हमेशा अच्छा ही होना चाहिए, क्योंकि मन से ही शरीर काम करता है, जैसा अन्न, वैसा मन और जैसा मन वैसा तन, इस बात से ये बात जानने योग्य है की, भोजन ही सब कुछ है हमारे शरीर के लिए।

यह पुस्तक केवल योग के विषय में याद दिलाने के लिए है, उसकी विशेषता बताने के लिए है तथा अन्य भी ठोसी बहुत जानकारी जो आवश्यक है वह देती है। योग को भलीभांति जाने तथा करने के लिए महर्षि पतंजलि का ग्रन्थ एक बार अवश्य पढ़ें। तथा स्वयं के अध्यन के बाद किसी गुरु से योग सीखे या स्वयं कर सकते हैं तो करें।

1

अभ्यास

निरन्तर प्रयास ही है अभ्यास। किसी भी विद्या को सीखने के लिए अभ्यास की ही आवश्यकता है। हम कार्य तो कोई भी कैसे भी कर ही लेते है, परन्तु उन्हें हमेशा अच्छे से कुशल तरीके से करने के लिए हमें उस विद्या का अभ्यास करते रहना होगा। हमने कर्म के विषय में समझा है की कर्म शारीरिक भी होते है और मानसिक भी, और हम अपने मानव जीवन में बड़े से बड़ी, ऊँची से ऊँची विद्याय सीखने के लिए लालायित रहते है, और यही मानव जीवन को सफल बनाता है, मानव जीवन तो इसलिए ही है की हम बड़ी से बड़ी चीज़ करें, परन्तु उन विद्याओं को सीखने के पहले हम अपनी बुद्धि को उस विद्या को बिना समय व्यर्थ किये अच्छे से सीखने के लिए विकसित करलें तो अच्छा होगा।

हम अपनी बुद्धि को, तीव्र करने के लिए एक अभ्यास अपना सकते हैं, ध्यान का अभ्यास, एकाग्रता का अभ्यास, अर्थात - यदि हम किसी विद्या को सीखना चाहते है तो हमें उसके लिए उसमे अच्छे से ध्यान लगाना पड़ेगा,जब तक उस विद्या को सीख रहे हैं तो उसमे ही एकाग्र होना पड़ेगा, तभी हम जल्दी और अच्छी तरह से विद्याओं को सीख पाएंगे। परन्तु हमारा मन है बहुत चंचल, पल पल यहाँ वहां के विचारों में भटकता रहता है। आप कुछ भी करें यह सिर्फ उसी कार्य में एकाग्र नहीं रहेगा, कुछ और विचार तो आते ही रहेंगे, तो इसलिए हम यह अभ्यास कर सकते है की, जो भी काम हम करें, तो उसमे हम निरंतर प्रयत्न करें

की हमारा मन सिर्फ उसी कार्य में ही लगा रहे, जल ग्रहण करना, भोजन करना, चलना फिरना, आदि जो भी करें उसमे ध्यान सिर्फ उसी काम में रखें। सांस लेते है हम, कभी मगर उसपर ध्यान नहीं दिया, अपने आप आती जाती रहती है, और बांकी सारे कामों के मध्य हम सिर्फ सांस पर ध्यान लगा भी नहीं सकते, इसलिए जब सांस पर ध्यान एकाग्र करना होता है, तो उसके लिए हमने एक अलग प्रक्रिया बनाई "प्राणायाम"। यह कुछ उदहारण थे कार्यों के परन्तु, आपके जीवन में जो भी कार्य है उन सभी को करते समय ध्यान उन्ही पर होना चाहिए अर्थात ज्यादा से ज्यादा ध्यान में वही कर्म होना चाहिए क्यूंकि ऐसा भी नहीं होना चाहिए न की ध्यान ईश्वर पे लगा रहे हो तथा आजु बाजू क्या हो रहा है कुछ पता ही नहीं।

2

शरीर

शरीर अर्थात एक आकार। कुछ आकार यदि बनता है तो कैसे बनता है? किन चीज़ों से बनता है। वह चीज़ें जो सामान बनाने की जगह पर उपलभ्द हों। जैसे पृथ्वी पर शरीर बना है तो पृथ्वी तथा वहां की उपलब्ध चीज़ों से ही बना होगा। शरीर का जो ढांचा है कह सकते है जो हड्डी वाला हिस्सा है वह है धरती, मिटटी। शरीर में जल तो है ही रक्त तथा अन्य द्रव्यों के माध्यम से। आकाश तत्व तो है ही किसी जगह में ही तो कुछ बनेगा न। वायु उसके प्राण जो वह प्रकृति से लेता है। अग्नि पृथ्वी पर जो सूर्य का प्रकाश है वही तो शरीर में भी है, शरीर दिखता क्यों है रौशनी के कारण यदि सौर्य मंडल में सूर्य ही न हो तो शरीर दिखेगा ही नहीं। मानव शरीर में बहुत से छोटे छोटे छिद्र होते हैं, जो की प्राणो को, सूर्य से मिली रौशनी को ग्रहण करते हैं जिससे की सारे शरीर को प्राण तथा तेज़ प्राप्त हों। नासिका का कार्य अलग है, तथा अन्य भी हैं। इन शरीर के छिद्रों को साफ़ रखना आवश्यक है, इसलिए स्नान प्रतिदिन आवश्यक है जिससे वह छिद्र साफ़ रहें तथा सभी जगह प्राण तथा सूर्य की रौशनी पड़ सके।

इस शरीर का निर्माण होता है भोजन से, जो शरीर मुख से करता है। इसीसे आगे शरीर का निर्माण होता है। भोजन उदार में जाने के बाद, सूर्य की अग्नि में पकता है, जिस स्थान में वह पकता है उसे जठर कहते हैं और उस अग्नि को जठर अग्नि जो नाभि दे बायीं तरफ होती है। वह अग्नि में पककर रस बनता है, रास के बाद वह भोजन रक्त में परिवर्तित

होता है, रक्त से ही मॉंस बनता है, मॉंस से चर्बी, चर्बी से हड्डी, तथा हड्डी से मज्जा जो की हड्डी के अंदर की वास्तु है तथा अंत में जीवन धातु, पुरुष में शुक्र, स्त्री में शोणिता। यह प्रक्रिया में १ से डेढ़ माह का समय लगता है। इसपर विचार करें तो भोजन की मात्रा से, बहुत कम मात्रा में जीवन धातु बनती है तो वह अति बचाने योग्य है तथा उसमे ही सारा तेज़ समाया हुआ है। वह हड्डी के अंदर के भाग के भी अंदर बनती है, इसलिए उसके निकलने से शरीर कमज़ोर होता है तथा हर एक अंग प्रभावित होता है इसलिए इसे व्यर्थ नहीं करना चाहिए। अब शरीर में भोजन गया वह रास में परिवर्तित हुआ। वह रक्त बना, इसके बाद मॉंस बना तो कुछ मात्रा में बना होगा, फिर चर्बी बानी तो उसकी मात्रा काम हुई होगी क्युंकिन ज्यादा मात्रा में तो पहले मॉंस बन गया, फिर हड्डी बानी तो फिर से मात्रा काम हुई कुछ तथा अंत में जब जीवन धातु बानी तो मात्रा और कम होगयी। तो भोजन से बहुत काम मात्रा में बनता है जीवन धातु का पदार्थ इसलिए उसका संगरक्षण अधिक महत्त्वपूर्ण है। तो शरीर के निर्माण में भोजन से लेकर जीवन धातु तक कितना समय लगता है अतः यह सब कितनी अमूल्य वस्तुए हैं। इसलिए भोजन से ही शरीर का निर्माण होता है तो उसे बचाना, व्यर्थ न करना, उसका सम्मान करना आवश्यक है।

शरीर प्रारम्भ तो होता ही है भोजन से, जैसे गर्भ में संतान का जन्म कैसे होता है वीर्य तथा राज के मेल से तो यह धातुएं क्या हैं? यह भोजन से ही तो निर्मित हैं। तो शरीर उसी से बनता है धीरे धीरे उसे माता के गर्भ में उसके रक्त से पोषण मिलता है। फिर ऐसे ही धीरे धीरे शरीर का निर्माण होता है तथा उसके बाद वह संतान गर्भ से बाहर आ जाती है। शरीर की मुख्य हड्डी रीढ़ है जिसपर शरीर टिका हुआ है, यह हड्डी ही शरीर का मुख्य हिस्सा है। शरीर का संपूर्ण भार यही उठाये है इसलिए इसपर दबाव, या किसी भी तरह से कुछ क्षति पहुंची तो शरीर विकृत होना तय है।

3

आयुर्वेद

आयुर्वेद क्या है? आयु का ज्ञान ही आयुर्वेद है, आयु का अर्थ आपका जीवन काल, और वेद का अर्थ है ज्ञान। आयुर्वेद आपको स्वस्थ जीवन कैसे जियें, इस बात की शिक्षा देता है। आयुर्वेद के आधार पर एक श्रेष्ट दिनचर्या -

१. सूर्योदय से २ - २:५० पहले नींद से जागें - सूर्य को गुरु की उपाधि मिली है, गुरु का अर्थ है - अन्धकार मिटाने वाला। तो गुरु के जागने से पहले हमें जागना चाहिए, और उसका स्वागत स्वच्छ मन और तन से करना चाहिए। सारे जगत में यदि शक्ति का संचार हो रहा है तो वह सूर्य के कारण है, ध्यान रहे हमारे शरीर में अग्नि तत्त्व सूर्य का ही है। सूर्य की रौशनी से ही हमारे शरीर में भी रौशनी आती है, तेज़ आता है। इसके अतिरिक्त सुबह सूर्य की रौशनी जब संसार में पड़ती है तो वो हमारे अंदर की शक्ति भी जागृत होती है इसलिए शक्ति को सोने न दें उसे किसी श्रेष्ठ कार्य में लगाएं। पूर्व के लोग सुबह उठकर के पढ़ने की सलाह बच्चो को क्यों देते हैं या फिर योग करने को सुबह ही क्यों कहते हैं या फिर टहलने को क्यूंकि शक्ति जैसे ही उदय हो उसे श्रेष्ठ कार्य में लगादें, क्यूंकि जीवन में समय बहुत ही कम है तथा, जितना भी समय मिले, शक्ति मिले कार्य में लगादें धर्म के। वातावरण तो अच्छा रहता ही है परन्तु, मुख्या कारण सुबह उठने का वही है शक्ति का उदय होना तथा

समय का सही उपयोग करना।

२. जागने के बाद, बिना कुछ अन्य कार्य करे डेढ़ गिलास तक पानी पियें, ६० साल की उम्र वाले तथा १८ वर्ष से नीचे वाले १ गिलास ही पिए - सुबह उठकर जल ग्रहण करने का सबसे बड़ा कारण हैं की नए दिन में जब प्रवेश करें तो शरीर को फिर से पूरी तरह से शुद्ध करें जिससे वह भी नया हो जाए तथा वह तो नया होता ही है परन्तु, उसे शुद्ध करने या न करना आपके हाथ में है, जैसे स्नान करने से बहार से शरीर की शुद्धि होती है तथा सुबह स्नान करते हैं, वैसे ही सुबह जल ग्रहण करते है एक उपयुक्त मात्रा में जिससे की अंदर से शरीर की शुद्धि हो सके। यह मात्रा जल की कुछ भी हो सकती है, जब तक आपको पेट साफ़ करने के लिए प्रभाव न पड़ जाए।

३. शौंच के बाद अर्थात बहार तथा अंदर से शुद्ध होने के बाद, कुछ समय तक आसान तथा प्राणायाम करें - आसान तथा प्राणायाम योग के शुरुवाती करियों में से हैं, तथा मन को, शरीर को स्वस्थ करने वाले यहीं हैं। आसान तथा प्राणायाम एक समय निर्धारित करके कर सकते हैं। परन्तु, यह तो खुद ही ज्ञात हो जाता है की कब तक करना है। शरीर खुद ही यह सब बता देता है तथा यह बात सभी को खुद ही समझनी होती है क्यूंकि सभी का शरीर अलग है। एक बात ध्यान देना कभी भी की जब पहली बार कोई योग करेगा तथा कुछ दिन तक करने के बाद धीरे धीरे उसका समय बढ़ ही जाता है यह हर कार्य में होता है।

४. योग के पश्चात कुछ अध्यन कर सकते हैं या कुछ अच्छा कार्य जो आवश्यक हो तथा इसके पश्चात कुछ बलवर्धक चीज़े खाएं - योग करने के बाद - अर्थात उसकी क्रियाओं को करने के बाद कुछ समय अध्ययन करें या कोई अन्य कार्य जो आवश्यक हो। कुछ देर बाद चने, मूंगफली इत्यादि चीज़े खाएं जो बलवर्धक हैं। साथ में गुड़ तथा मिश्री खाएं तो अत्यधिक अच्छा।

५. ११ - ११.३० बजे के बीच सुबह का भोजन करलें तो अच्छा, तथा इसके पश्चात थोड़ा विश्राम या फिर प्राणायाम करें - सुबह का भोजन इस समय करने का अर्थ यह है की १२ बजे सूर्य बिलकुल तेज़ी पर रहता है बिलकुल सिधायी पर पृथ्वी की तो इस समय भोजन के पश्चात उसका पाचन बहुत जल्दी हो जाता है तथा अपने अन्य कार्यों को जल्दी कर सकते हैं। सुबह के भोजन के पश्चात थोड़ा विश्राम करना या फिर प्राणायाम करना आवश्यक है इससे भोजन अच्छे से पचता है।

६. भोजन के पचने के बाद, अपने कार्य करें तथा शामको संध्या वंदन करें - संध्या वंदन वही है जैसे सुबह आसान प्राणायाम तथा अन्य योग की क्रियाएं करते है वैसे ही। जब ध्यान करते है तब तो ईश्वर को हमेशा स्मरण करें। किसी भी कार्य को करने पर ईश्वर को ध्यान रखें। शाम का समय है तो सूर्य डूबने के ३ घंटे पहले ही शुरू हो जाता है, परन्तु, संध्या वंदन सूर्य डूबने के १ घंटे पहले से भी करें तो अच्छा है।

७. संध्या वंदन के पश्चात विश्राम करने जाएँ अर्थात सोने - संध्या वंदन के बाद सोने चले जाए। सूरज डूबने का अर्थ अब शरीर को विश्राम देदें। अब शक्ति को शरीर के अंदर ही कार्य करने दें शरीर को थकाएं न तथा जल्दी उठकर कार्य करें क्यूंकि उस समय शक्ति आतुर होती है जागने के लिए, सिर्फ समय व्यर्थ न हो इसलिए सुबह उठना चाहिए अर्थात जैसे ही शक्ति का उदय हुआ वैसे ही उसका प्रयोग करना शुरू करदें श्रेष्ठ कार्यों में। तथा जैसे ही सूर्यास्त, वैसे ही आप भी आराम करें तथा फिर आदि रात्रि के बाद कभी भी उठे तथा नए दिन की शुरुवात करें।

यह केवल वह चीज़ें हैं जो मानव को ठीक तरह से करने की आवश्यकता है, दिनचर्या में सभी मानवो के बहुत से अलग अलग कर्म भी होते हैं तो वह अपने हिसाब से वह सब करे, परन्तु, ऊपर बताये गए कार्यों को भी करे।

☙

4

भोजन

जैसा अन्न वैसा मन, जैसा मन वैसा तन। स्वास्थ, शारीरिक और मानसिक दोनो ही आवश्यक है। दोनो के बीच योग अति आवश्यक है। सिर्फ शारीरिक स्वास्थ से भी कुछ नही होगा,न तो सिर्फ मानसिक स्वास्थ से कुछ होगा। पूर्णरूप से स्वस्थ मनुष्य, सिर्फ तब ही कहलाता है जब वह शारीरिक और मानसिक दोनो रूप से स्वस्थ हो। परन्तु, इन दोनो चीजों में, मानसिक स्वास्थ अति आवश्यक है, क्योंकि *जैसा मन, वैसा तन। मन को स्वस्थ करता है भोजन, और मन से स्वस्थ होता है शरीर। जैसा अन्न वैसा मन, जैसा मन वैसा तन। भोजन, अर्थात सिर्फ वह नही है जो आप पेट में ग्रहण करते हैं। भोजन वह भी है, जो आप मन में ग्रहण करते हैं। सत्संग, अच्छी बातें, अच्छे कार्यों के संकल्प,आदि यह सारी चीजे मन के द्वारा ग्रहण की जाने वाली चीजे है। सिर्फ पेट में, अच्छा अन्न खाने वाले भी बहुत है। परन्तु, मन उनका सही दिशा में नही रहता। ऐसे ही हर तरह के भोजन का सुधार करना होगा, शारीरिक एवं मानसिक।

सत्संग, अर्थात अच्छी ज्ञान की बातें सुनने से मन में ज्ञान का विकास तो होता ही है परन्तु, उस समय बुरे विचार भी शुन्य हो जाते है, तथा नहीं भी शुन्य हुए तो उनका असर होता ही नहीं जिससे की मन कोई भी बुरा प्रभाव शरीर पर नहीं डाल पाता। मन सुख दुःख में अलग अलग रसायन शरीर पर डालता है अच्छे तथा बुरे तो सुखी मन वाला

व्यक्ति स्वस्थ शरीर का होता है तथा दुखी मन वाला व्यक्ति अस्वस्थ होता जाता है। तो सत्संग तो अति आवश्यक है, सत्संग सिर्फ ऐसा नहीं है की अच्छे लोगो के साथ ही बैठना है यदि आपके पास किसी का साथ नहीं है तो आप सत्संग नहीं कर सकते क्या? बिलकुल कर सकते हो। सत्संग का अर्थ है सत्य का संग अब इसका अर्थ यह तो नहीं की सच्चे व्यक्ति का ही संग। सत्य पर आधारित तो कर्म भी हो सकते है न तो सत्कर्म में भी लगे हो आप तप सत्संग में ही हो।

सत्संग तो है ही आवश्यक, परन्तु भोजन जो वास्तविक है जो हम उदर में ग्रहण करते हैं वह भी आवश्यक है उसी से शरीर का विकास होता है तथा शरीर के तत्वों का निर्माण इसी भोजन से होता है। भोजन के कुछ नियम इस प्रकार हैं -:

१. भोजन जब सूर्य तीव्र हो उसके अनुसार ही उससे १/२ - १ घंटे पहले करना चाहिए - भोजन करने के बाद उसे अच्छे पचाना अति आवश्यक है। भोजन को पचाने के लिए शक्ति चाहिए, शक्ति है अग्नि जो सूर्य से आती है तो इसलिए ही भोजन इसके अनुसार करना चाहिए। भोजन सुबह एक बार ही करना चाहिए यह भी एक नित्य कर्म ही है जैसे शरीर को सुबह शुद्ध करने के लिए क्रियाये होती है स्नान होता है वैसे ही भोजन भी है। शाम को कम से कम ही भोजन करना चाहिए, न करें तो बेहतर परन्तु, यदि भूँक है तो सूर्या को ध्यान में रखकर खाएं उसके डूबसे से पहले तथा भोजन के बाद टहलें भी, यदि सूरज डूबने के बाद भोजन कर रहे हैं तो बिलकुल कम करें तथा करने के बाद थोड़ी देर टहलें या प्राणायाम करें जो भोजन पचाने में सहायता करे। परन्तु, शामको भोजन करना लाभकारी नहीं है। सुबह ही पेट भर कर साथ ही साथ मन भर कर भोजन करना चाहिए। शामको सूरज ढलने के बाद शरीर आराम करता है तथा पेट में शुद्धि क्रिया होती है तथा अन्य कार्य शरीर के भीतर होते हैं जिससे की पेट में हलचल होती है ऐसा लगता है भूँक लगी है, परन्तु भूँक नहीं रहती वो बल्कि पेट खाली होता है शुद्ध होता है तथा ऐसा कुछ ही देर लगेगा फिर जैसे ही कार्य होगये शरीर के शरीर पहले जैसा हो जाएगा। इसलिए सुबह पेट भर कर खाएं अच्छे से उसके पश्चात थोड़ा आराम

करलें या प्राणायाम करलें जिससे वह पांच भी अच्छे से जाए। जब शरीर में बल आ जाएगा तब स्वयं ही शरीर भरा भरा लगेगा तथा उचित भोजन करने लगेगा। ध्यान रहे "भोजन के लिए जीवन नहीं है, जीवन के लिए भोजन है"

२. भोजन के बाद, जल ग्रहण नहीं करना चाहिए वह विष है - भोजन पचाने के लिए जैसा बताया गया है की आग की आवश्यकता है, तो यदि भोजन के बाद जो आग भोजन को पचने में लगेगी वह तो जल ग्रहण करने से नष्ट ही हो जाएगी फिर कैसे भोजन पचेगा। भोजन तथा जल मिल जाएंगे तथा अग्नि तो समाप्त ही हो जायेगी तो वह भोजन उदार में व्यर्थ ही पड़ा रहेगा तथा उससे सिर्फ दूषित वायु बढ़ेगी तथा मल ही बनेगा, जैसे घर का कचरा हो जाता है। उदर में एक रसायन भी बनता है जो इस भोजन को पचाने में मदद करता है वह भी जल के कारण नष्ट हो जाता है. जल को भोजन के १ - १.५० घंटे के पश्चात जल को ग्रहण करना चाहिए।

३. पात्र - भोजन के पात्र तथा जल के पात्र ऐसे होने चाहिए जिनसे जल तथा भोजन का सम्पर्क होने पर वह पोषण ही दें। भोजन पकाने पर भी तथा जब ग्रहण करें तब भी। पात्र की धातु अच्छी होनी चाहिए जैसे पीतल, कांसा, फूल, कस्कूट, ताम्बा, सोना, चांदी। अल्लुमिनियम सबसे निकृष्ट धातु है। तथा वर्तमान में लोग उसे ही उपयोग करते हैं, वह विष है। अब विष सुनके लोग कहेंगे हम सालो से भोजन पका तथा खा रहे हैं तो हमें तो कुछ नहीं हुआ, तो इसका उत्तर धर्म - अर्थ - काम - मोक्ष पुस्तक में मिलेगा उसे पढ़ें। स्टील भी भोजन तथा जल के लिए उपयोगी नहीं है, वह सिर्फ हथियार तथा अन्य उपयोगी वस्तुएं बनाने के लिए है।

मानव पंचमहाभूत से युक्त है, उसी से उत्पन्न है उसे यदि इनकी कमी हो जाए कभी भी तो वह मर जाएगा वैसे ही अन्न उसमे भी पंचमहाभूत हैं, वह भी उन्ही के कारण उत्पन्न हुआ तथा वह भी उनकी कमी के कारन मर ही जाएगा। हाँ आकार आपको वैसा ही दिखेगा उसका। जैसे मानव भी मर जाए अर्थात उसकी साँसे रुक जाएँ परन्तु, उसका शरीर तो कुछ समय तक रहेगा ही। परन्तु, अब उसका कुछ महत्व है क्या? ऐसे ही भोजन को जब पकाते हैं तब भी उसे पवन का

स्पर्श होना, सूर्य का प्रकाश होना आवश्यक है। जब कुकर में भोजन पकाया जाता है तो प्रथम बात तो यह की वह पकता नहीं है गलता है, अब यदि वह बन भी जाए तो कोई अर्थ का तो है नहीं क्यूंकि अल्लुमिनियम तो पहले ही व्यर्थ की धातु है भोजन के लिए फिर जब उसमे भोजन पकता है तो न उसे पवन मिलती है, न ही प्रकाश तो उसके पोषक तत्व तो मर ही गए अब उसे खा भी लें तो पोषण तो मिलेगा नहीं बस शरीर बढ़ेगा। ध्यान रहे भोजन से सिर्फ शरीर का विकास ही नहीं होता बल्कि मन का भी होता है इसलिए भोजन अच्छा होना अति आवश्यक है।

मासाहहर व्यर्थ है, नहीं करना चाहिए आपातकाल की बात अलग है जब कुछ भी इंतजाम हो ही न सके तथा मरने की स्थिति पैदा हो जाए। जैसे विदेश के लोग जब अन्न उगाना जानते ही नहीं थे तथा वहां कुछ था ही नहीं तो वह मॉस खाते थे। मदिरा का सेवन भी गलत है। इसमें बताने की आवश्यकता नहीं है यदि आपके पास विवेक है तो। मासाहार के विषय में प्रकृति पुस्तक में समझाया गया है।

5

योग

❦

जीवन, इस शब्द से आप समझ लीजिए कि बात केवल शरीर की ही होगी, क्योंकि जीवन और मरण केवल शरीर का ही होता है। मगर आप सिर्फ शरीर नही हो, शरीर सिर्फ आपको कुछ विशेष प्रयोजन से मिला है। योग शरीर में रहते हुए उस रूप को जानने का साधन है, शरीर के लिए तो है ही, पहले ही बताया।

योग का अर्थ तो है ही मिलना, अर्थात काल का कार्य के साथ तालमेल होना चाहिए इसमें, प्रकृति में क्या है, सभी का एक दूसरे से तालमेल योग है, प्रकृति चलती भी एक दूसरे के सहयोग से ही चलती है, सारी प्रकृति तो है योग में नदी, पहाड़, पशु, पक्षी, ग्रह, नक्षत्र।

मनुष्य को भी ऐसे ही योग में रहना चाहिए सब के साथ। परन्तु, भीतर से भी खुद की प्रकृति के साथ योग होना चाहिए। जैसे, मन का शरीर के दूसरे अंगो के साथ। अंगो का एक दूसरे के साथ। बाक़ी प्राणी तो ऐसे रहते है। परन्तु, मनुष्य के पास असीम क्षमताएं हैं जिससे वह अपनी मर्जी से कैसा भी रह सकता है। इसलिए उसे योग में ही रहना चाहिए, अन्य ढंग से नहीं।

करना और होना, इन दोनो में बहुत अंतर है। योग को करने में, और होने में बहुत अंतर है। जैसे जानने और मानने में बहुत अंतर है। जैसे किसी चीज को जानने के बाद मानना ही लाभदाई है, वैसे ही योग को करने के बाद ही वह होता है। यहां पे होने का अर्थ "अपने आप घटित

होना है"। जैसे अन्य प्राणी अपने आप ही योगमय रहते हैं, मनुष्य को भी ऐसे ही रहना चाहिए। योग ही जीवन है, हर समय योग जीवन में होना ही चाहिए तथा जो रात एक ही होती है परन्तु, भोगी उसे अन्य कर्मो में बिताते हैं तथा योगी उसे योग में बिताते हैं" समय जीवन में बहुत सीमित है, इसलिए हर समय कुछ बेहतर करना चाहिए, श्रेष्ठ करना चाहिए इसलिए अपने अन्य कर्म करें, तथा जब भी उसके बीच खाली समय मिले तो योग करें। योग से मेरा अर्थ उसकी कोई भी क्रिया से है।

मानव को जीवन में हमेशा धर्म का पालन करना चाहिए। उसका जीवन उसे इसके लिए ही प्राप्त हुआ है, तो मान लीजिये हम योग कर रहे हैं तो यह सोंच के करें की हम योग से शरीर को मजबूत तथा स्वस्थ तो बना रहे हैं परन्तु, परमार्थ के लिए। हम इसलिए स्वयं को स्वस्थ रखेंगे ताकि हम दूसरो की सहायता तथा उनका कुछ अच्छा कर सकें। दूसरो की रक्षा के लिए मज़बूत बनना है सिर्फ स्वयं के लिए कुछ नहीं करना है, जीवन इसलिए नहीं है। ऐसे ही सभी कार्यों में सोंचना चाहिए।

6

अष्टांग योग

यमनियमासनप्रणायामप्रत्याहरधारणाध्यानसमाधी। महर्षि पतंजलि ने बताया है की "यम" , "नियम" , "आसान" , "प्राणायाम" , "प्रत्याहार" , "धारना" , "धयान" , "समाधी" यह सभी योग के आठ अंग है जिन्हे अष्टांग योग कहते है। अर्थात इन आठ चीज़ो को करने के साथ ही व्यक्ति योगी हो जाता है। जीवन में यही चीज़े तो है करने के लिए।

यम ------ अहिंसा , असतये , ब्रम्हचर्य , अपरिग्रह , सत्य। यम में हमे सामजिक बातो का पालन करना है।

१. अहिंसा - "अहिंसा परमो धर्म। धर्म हिंसा तथेव च।" अहिंसा का अर्थ है फ़िज़ूल में हमे हिंसा नहीं करनी है। मगर धर्म के लिए हिंसा करनी पड़े तो करना चाहिए वो भी धर्म ही है।

२. अस्तेय - असतये का अर्थ है की हमें कभी भी चोरी या किसी का हक़ नहीं लेना चाहिए।

३. ब्रम्हचर्य - ब्रम्हचर्य का पालन करना चाहिए। ब्रम्हचर्य का अर्थ है हमेशा धर्म का काम करना और अपनी इन्द्रियों को वश में रखके धर्म के ही मार्ग में आगे बढ़ना।

४. अपरिग्रह - अपरिग्रह का अर्थ है चीज़ो को अनावश्यक तरीके से संचय करके नहीं रखना है।

५. सत्य - हमेशा सत्य का पालन।

नियम ------शौच , संतोष , तप , स्वाध्याय , ईश्वरपरायण

१. शौच - अंदर और बाहार से स्वच्छ।

२. संतोष - जितना है उसीमे संतोष करना।

३. तप - हमेशा कर्म के साथ तप करते रहना।

४. स्वाध्याय - अध्यन करते रहना।

५. ईश्वरपरायण - ईश्वर के प्रति समर्पित रहना।

आसान - अलग अलग स्थिति में शारीर में संतुलन रखना।

प्राणायाम - प्राण को पूरे शरीर तक पहुँचाना।

प्रत्याहार -अपने मन से संसार को हटा देना।

धारना - मन को एक जगह स्थिर कर लेना।

ध्यान - एक जगह ध्यान लग जाना।

समाधी - परमशान्ति।

योग के लिए कोई एक दिन नहीं होता। बल्कि हर दिन योग होता है। योग हमेशा ही करना चाहिए। अष्टांग योग एक प्रक्रिया है जो जीवन के हर कर्म में अपनानी है। सिर्फ आसान प्राणायाम करने से ही कोई योगी नहीं होता है यह सारी चीज़ो का पालन होना आवश्यक है, इसीसे व्यवहार, आहार, आदि शारीर के साथ जीवन भी आनंदमय हो जायेगा। आसन, प्राणायाम मुख्य अंग हैं अवश्य ही कहे जा सकते हैं, क्योंकि बाहरी शरीर को स्वस्थ करने के लिए यह हैं परन्तु, जैसे की हमने समझा की योग जीवन में हर विषय में होना आवश्यक है, वैसे ही शरीर तथा मन दोनों का साफ़ होना ही योग है। बिना भीतरी सफाई के बहार सफाई करने के जितने भी प्रयास करने हों कर लीजिये कुछ नहीं होगा शरीर जरूर बहार से मजबूत होगा परन्तु, व्यक्ति भीतर से बहुत कमजोर होगा, व्यक्तित्व बहुत ख़राब होगा।

7
आसन

आसान का अर्थ, कोई बैठने के स्थान को नहीं कहते। आसान का अर्थ तो केवल शरीर का किसी स्थिति में आना है। जैसे किसी से कहा गया की आसान ग्रहण कीजिये इसका अर्थ यह नहीं की कुर्सी या फिर जो भी उसके सामने रखा हो उसे ग्रहण कीजिये। इसका अर्थ की आसान अर्थात शरीर की स्थिति को ग्रहण कीजिये वहां के हिसाब से। जैसे किसी सभा में जहाँ सब बैठे हैं तो वहां पर आसान ग्रहण करने का अर्थ बैठने की स्थिति में आना। बैठने के लिए कुछ मुख्य आसन हैं - पद्मासन, सिद्धासन, सुखासन। इन असनो में रीढ़ की हड्डी सीढ़ी रहे इसपर जोर दिया है। इन आसनो में, पैर की चौकड़ी तो मारते ही हैं। परन्तु, सुखासन में सामान्य तरीका है, पद्मासन में एक पैर दुसरे के ऊपर जाता है, सिद्धासन में दोनों पैर एक दुसरे के ऊपर जाते हैं। विश्राम करने के लिए आसान है - विष्णु मुद्रा इस मुद्रा में रहने से पाचन ठीक रहता है।

आसनो में सबसे अधिक श्रेष्ट है सूर्य नमश्कार, क्यूंकि इसमें एक ही बार में १२ आसान करते हैं, तथा यह आसान वह हैं जो संपूर्ण शरीर में प्रभाव डालतें हैं। इसके अतिरिक्त आप स्वयं भी अन्य आसान के तरीके खोज सकते हैं। परन्तु, ध्यान रहे की गलत तरीके से किये गए आसान से शरीर में भी मुश्किल आ सकतीं हैं इसलिए संपूर्ण ज्ञान के साथ ही ऐसा करें।

आसन में शरीर की स्थिति को तो संतुलित रखना है, पर इससे ज्यादा प्रभाव कुछ रहता नहीं है। इसमें योग तो है ही नहीं योग का अर्थ है ही किन्ही दो चीज़ों के बीच में संतुलन। तो शरीर की स्थिति तो बनाली परन्तु, उसका सांस के साथ योग आवश्यक है अर्थात स्थिति में जाने पर सांस लेनी है तथा स्थिति से वापस आने पर सांस छोड़नी है, तथा सांस का लेना छोड़ना उतनी ही गति से होना चाहिए जितनी गति से स्थिति में बदलाव कर रहे हों। ऐसा करने पर ही पता चलेगा की आसान होता क्या है? जैसे दंड कर रहे हैं तो ऊपर आते समय सांस लेनी है तथा नीचे जाते समय सांस छोड़नी है तथा सांस की गति जैसे आपके ऊपर नीचे जाने की गति है वैसे ही होनी चाहिए। आसान में स्थिति का ध्यान रखना आवश्यक है गलत तरीके से शरीर में परेशानियां आ सकतीं हैं।

सुबह उठकर माता - पिता को दंडवत, या फिर नमस्कार करना चाहिए तथा जब किसी से मिलें तब तो करते ही है, नमस्कार आसन से हाँथ की उँगलियों पर तथा जहाँ जहाँ हाथ जुड़ता है वहां वहां एक प्रभाव पड़ता है जिससे की वहां की नसे, हड्डियां वगेरा जो कलाई तक हैं उनमे ऊर्जा का प्रभाव आ जाता है वो एक प्रकार से संचालित हो जाती हैं। अब इसका एक अर्थ बड़ा गहरा भी है की जब किसी के सामने आप हाथ जोड़ते हो तथा सर झुकाते हो तो इसका अर्थ यह है की आप अहंकार की छोड़ रहे हो कम से कम उसके लिए तो छोड़ ही रहे हो। ऐसे ही साथ जब ऐसा ही करोगे तो किसी के सामने भी अहंकार नहीं करोगे इसका प्रभाव सामने वाले पर बहुत ही अच्छा होता है, वह समझता है की आपमें विनम्रता है तथा जब किसी के सामने कुछ सीखने की अभिलाषा से ऐसे हाथ जोड़ो तो वह अति श्रेष्ठ जान, प्रसन्नता के साथ वह समझायेगा।

भारत में, हर एक कार्य को करने के लिए एक उचित विधि खोजी गयी जिसमे की आसान और प्राणायाम भी मनुष्य करता रहे। ऐसे ही एक पूजन की विधि भी है, जैसे की ईश्वर के पूजन के बाद सर को ज़मीन पर लगा कर जो ईश्वर को प्रणाम किया जाता है, वह एक आसान है जिसका नाम है बालक आसन। फिर जो पूजन पर हाथ जोड़कर बैठा जाता है उसे कहतें हैं नमश्कार आसन, ये नमश्कार आसन तो इतना

आवश्यक है की भारत में एक दुसरे से मिलने पर भी इसको करने की रीत बनादी। इसका अर्थ यह है की जो भी कुछ मानव करता है, वह अपने ही लिए करता है, अपने लिए कार्य करना जिससे की हम परमार्थ के कार्य कर सकें। तथा ईश्वर का पूजन भी स्वयं का पूजन ही है क्यूंकि ईश्वर सृष्टि ही तो है, सृष्टि में जो भी कुछ है, मानव है वह ईश्वर ही है। जैसा पूजन का उदाहरण समझते हैं। हम पूजन कर रहे हैं तो उसमे हवन होता है, वह वातावरण की शान्ति के लिए है, फिर उसमे नमस्कार आसन में बैठे रहना वह भी अपने ही लिए है फिर ऐसे जितने भी उसमे कार्य करने होते हैं सभी अपने ही लिए हैं जिससे शरीर तथा मन स्वस्थ रहे। तिलक, चन्दन, चावल, जल, अग्नि, का प्रयोग पंचमहाभूतों की रक्षा तथा उनके विषय में समझाने के लिए होता है, आरती लेना अर्थात अग्नि को अपने भीतर महसूस करना एक प्रकार से अग्नि का स्नान करना, जल का स्नान तो कर ही लेते हैं हमेशा परन्तु, अग्नि का स्नान आरती लेने से हो जाता है। जल के स्नान की तरह अग्नि से स्नान नहीं कर सकते इसलिए। यह संभव है परन्तु, वह अलग विषय है। ऐसे ही समझ जाइये हर कार्य में सिर्फ पूजन ही नहीं सभी में जो रीत की तरह हम निभाते हैं वह सब हमारे ही तथा समाज के ही लिए हैं। किसी अदृश्य शक्ति के लिए नहीं।

8

प्राणायाम

प्राणायाम अर्थ प्राण + आयाम, प्राण के कितने आयाम है तथा उसे शरीर के हर आयाम में उचित मात्रा में पहुंचाने की क्रिया प्राणायाम है। प्राणायाम वैसे प्रक्रिया नहीं है जैसे लोग एक दिन लाखो की तादाद में मिलकर कर लेते हैं, हर कोई इसे ठीक से नहीं कर पाता, जैसे आसान था जिसमे सांस का भी ध्यान देना होता है, परन्तु, कुछ लोग नहीं करते सांस के ध्यान के साथ वैसे ही प्राणायाम भी है।

प्राणायाम अर्थात शरीर के हर एक अंग में प्राण को पहुंचाना। प्राणवायु तथा जितनी भी वायु शरीर में हैं, शरीर की शुद्धि का एक कारण वह भी हैं। प्राणायाम की क्रिया कुछ इस प्रकार है की, पहले तो किसी उचित आसन में बैठ जाएँ अर्थात शरीर की मुद्रा बैठने की बनालें, नाकि कोई योगा मैट को खरीदने लगे बैठने के लिए। इसके बाद कमर सीधी, बिलकुल सामने नज़र तथा आँखें बंद। फिर अपनी सांस को माध्यम गति जो की वास्तविक गति है, वैसे ही गति में लें जितने समय आपने सांस ली उतने समय उसे भीतर ही रोकें इसके पश्चात जिस गति से सां ली थी वैसे ही गति से उतने ही समय के लिए छोड़ें। सांस को हमेशा पूर्ण रूप से लें अर्थात जब तक संपूर्ण पेट न भर जाए, सांस हमेशा पेट से ही ली जाती है, जिससे की वह ज्यादा आ सके तथा संपूर्ण शरीर में पहुँच सके। सांस को पूर्ण छोड़ें अर्थात शरीर में कुछ भी न बचे। सांस छोड़ने का समय कुछ ज्यादा लगेगा, सांस लेने से तो उससे कोई फर्क नहीं पड़ता

ध्यान ज्यादा सिर्फ गति पे देना है वह कम, ज्यादा न हो।

प्राणायाम की क्रिया में भी बहुत से अन्य तरीके भी होते हैं, जैसे कुम्भक। कुम्भक क्रिया सांस को शरीर के अलग अलग आयाम पर रोक लेने की क्रिया है। कुम्भक दो प्रकार से होता है सांस लेने के बाद तथा सांस छोड़ने के बाद। कुम्भक में तीन स्टार पर सांस को रोका जाता है।कुम्भक में शरीर के गुदा द्वार को अंदर की तरफ सिकोड़ना होता है जिससे की प्राणवायु वहां से ऊपर उठे जो शक्ति को भी ऊपर ला सके। फिर दूसरा उसे नाभि के हिस्से को सिकोड़कर रोकते हैं तथा तीसा उसे गले के हिस्से को जहाँ से ध्वनि निकलती है, उसे सिकोड़कर रोकते हैं। प्राणायाम में यह जोर दिया जाता है की शरीर में शुद्ध हवा हर जगह पहुंचे। जैसे आसान में बाहरी शरीर का संतुलन रखते हैं जिससे बहार का शरीर संतुलित, स्वस्थ तथा मजबूत हो वैसे ही प्राणायाम में सांस को अलग अलग स्थिति में संतुलित रखते हैं जिससे भीतर के अंग, भीतर से हम स्वस्थ, मज़बूत हों, संतुलित हों।

९

बांकी के अंग

आसान तथा प्राणायाम से पहले, शरीर को यम, नियम का पालन करना आवश्यक है नहीं तो इन क्रियाओं को कभी ठीक से कर ही नहीं सकते, वह ठीक से होंगी ही नहीं, मन नहीं करेगा तथा अन्य कठिनाईयां आएंगी। जैसे यम में कई विषय बताये गए है, नियम में कई विषय बताये गए है। जैसे एक है ब्रह्मचर्य, जिसका एक अंग है की शरीर की वस्तुओं की बर्बादी न करना, जो भोजन ही है। ऐसा इसलिए क्योंकि एक तरफ तो योग करके तुम शक्ति को बढ़ा रहे हो तथा दूसरी तरफ उसे व्यर्थ करोगे तो लाभ कहा से होगा। फिर एक है स्वाध्याय जिसका अर्थ है स्वयं विषय को समझो, जानो खुद के बिना पढ़े किसी की भी बातो को नहीं मानो। ऐसे ही इनके सभी विषय हैं जो करना आवश्यक है, इसमें सबसे आवश्यक है सत्य का पालन।

आसन, प्राणायाम के पश्चात सब कुछ अपने आप घटित होने वाली प्रक्रिया हैं। जो समाधी तक मानव को ले जाती हैं। अब एक मुख्य बात की योग का अर्थ सिर्फ भौतिक क्रियाओं से नहीं है, जो यम, नियम की क्रियाओं से हमने समझ लिए है तो श्रेष्ठ कर्म करना ही योग है , योग हर प्रकार से मानव को श्रेष्ठ बनाने की प्रक्रिया है जिसका मुख्य उद्देश्य तो कर्म ही है, मानव को श्रेष्ठ क्यों बनाना है, जिससे की वह परमार्थ के कर्म कर सके। सिर्फ आँख मूँद कर सदियों तक बैठे रहना योग नहीं है, मूर्खता है। जो लोग सदियों से ऐसा कर रहे हैं तथा करते हैं जिन्हे अज्ञानी साधु

कहते हैं वह मूर्ख हैं। बहुत ही बड़े मूर्ख, उनका न रहना सृष्टि के लिए बेहतर है। सृष्टि व्यर्थ हो रही है तथा तुम आँख मूँद के बैठे हो तथा लोगो में अंध विश्वास फैला रहे हो तो तुम योगी थोड़े ही हो। प्राणायाम, ध्यान करना आँखें मूँद करके एक दिनचर्या की क्रिया है जिसमे मन को आराम देने के लिए ऐसा किया जाता है। यह सिर्फ शरीर को स्वस्थ बनाने के लिए है जिसके बाद कुछ श्रेष्ठ कर्म शरीर कर सके। तो धर्म का पालन आवश्यक है।

शान्ति पाठ

सर्वे भवन्तु सुखिनः सर्वे सन्तु निरामया, सर्वे भद्राणि पश्यन्तु मा कश्चिद् दुख भागभवेत।
ॐ शान्तिः शान्तिः शान्तिः

सभी सुखी होवें, सभी रोगमुक्त रहें, सभी का जीवन मंगलमय बनें और कोई भी दुःख का भागी न बने। हे भगवन हमें ऐसा वर दो।

ॐ सहनाववतु सह नौ भुनक्तु। सह वीर्यं करवाव है। तेजस्वि नावधीतमस्तु मा विद्विषाव है।
ॐ शान्तिः शान्तिः शान्तिः।।

हम छात्र और शिक्षक दोनों की एक साथ रक्षा करें, एवम् एक साथ-साथ पोषण करें, हम दोनों साथ मिलकर महान ऊर्जा और शक्ति के साथ कार्य करें एवं विद्या प्राप्ति का सामर्थ्य प्राप्त करें, हमारी बुद्धि तेज हो, हम एक दूसरे से ईर्ष्या न करें।

ॐ पूर्णमदः पूर्णमिदं पूर्णात्पूर्णमुदच्यते । पूर्णस्य पूर्णमादाय पूर्णमेवावशिष्यते ॥
ॐ शान्तिः शान्तिः शान्तिः ॥

वह जो (परब्रह्म) दिखाई नहीं देता है, वह अनंत और पूर्ण है। क्योंकि पूर्ण से पूर्ण की ही उत्पत्ति होती है। यह दृश्यमान जगत भी अनंत है। उस अनंत से विश्व बहिर्गत हुआ। यह अनंत विश्व उस अनंत से बहिर्गत होने पर भी अनंत ही रह गया।

ॐ असतो मा सद्गमय। तमसो मा ज्योतिर्गमय। मृत्योर्माऽमृतं गमय।
ॐ शान्तिः शान्तिः शान्तिः ॥

हमें अज्ञान से ज्ञान की ओर, अन्धकार से प्रकाश की ओर, मृत्यु से अमरता ओर ले चलो।

वन्दे मातरम्

वन्दे मातरम्! सुजलां सुफलां मलयजशीतलां शस्यश्यामलां मातरम्! शुभ-ज्योत्सना-पुलकित-यामिनीम् फुल्ल-कुसुमित-द्रमुदल शोभिनीम् सुहासिनी सुमधुर भाषिणीम् सुखदां वरदां मातरम्! सन्तकोटिकंठ-कलकल-निनादकराले द्विसप्तकोटि भुजैर्धृतखरकरबाले अबला केनो माँ एतो बले। बहुबलधारिणीं नमामि तारिणीं रिपुदल वारिणीं मातरम्! तुमि विद्या तुमि धर्म तुमि हरि तुमि कर्म त्वम् हि प्राणाः शरीरे। बाहुते तुमि मा शक्ति हृदये तुमि मा भक्ति तोमारइ प्रतिमा गड़ि मंदिरे-मंदिरे। त्वं हि दूर्गा दशप्रहरणधारिणी कमला कमल-दल विहारिणी वाणी विद्यादायिनी नवामि त्वां नवामि कमलाम् अमलां अतुलाम् सुजलां सुफलां मातरम्! वन्दे मातरम्! श्यामलां सरलां सुस्मितां भूषिताम धमरणीं भरणीम् मातरम्।

हे माँ मैं तेरी वन्दना करता हूँ तेरे अच्छे पानी, अच्छे फलों, सुगन्धित, शुष्क, उत्तरी समीर (हवा) हरे-भरे खेतों वाली मेरी माँ। सुन्दर चाँदनी से प्रकाशित रात वाली, खिले हुए फूलों और घने वृक्षों वाली, सुमधुर भाषा वाली, सुख देने वाली वरदायिनी मेरी माँ। तीस करोड़ कण्ठों की जोशीली आवाज़ें, साठ करोड़ भुजाओं में तलवारों को धारण किये हुए क्या इतनी शक्ति के बाद भी, हे माँ तू निर्बल है, तू ही हमारी भुजाओं की शक्ति है, मैं तेरी पद-वन्दना करता हूँ मेरी माँ। तू ही मेरा ज्ञान, तू ही मेरा धर्म है, तू ही मेरा अन्तर्मन, तू ही मेरा लक्ष्य, तू ही मेरे शरीर का प्राण, तू ही भुजाओं की शक्ति है, मन के भीतर तेरा ही सत्य है, तेरी ही मन मोहिनी मूर्ति एक-एक मन्दिर में, तू ही दुर्गा दश सशस्त्र भुजाओं वाली, तू ही कमला है, कमल के फूलों की बहार, तू ही ज्ञान गंगा है, परिपूर्ण करने वाली, मैं तेरा दास हूँ, दासों का भी दास, दासों के दास का भी दास, अच्छे पानी अच्छे फलों वाली मेरी माँ, मैं तेरी वन्दना करता हूँ। लहलहाते खेतों वाली, पवित्र, मोहिनी, सुशोभित, शक्तिशालिनी, अजर-अमर मैं तेरी वन्दना करता हूँ।

मातृभूमि की जय।

वन्दे मातरम्

www.ingramcontent.com/pod-product-compliance
Lightning Source LLC
Chambersburg PA
CBHW051335160726
47995CB00004B/1090